Rosemberg Emanuel Rosendo Bomfim

REFLEXO IMAGINÁRIO

Santo Amaro das Brotas, 2020

Revisão:
José Vlaudemi de Menezes
e Sílvia Fernanda Santos Bomfim

Capa:
Clóvis José Rosendo Bomfim

B695r   Bomfim, Rosemberg Emanuel Rosendo.
              Reflexo imaginário. /Rosemberg Emanuel Rosendo Bomfim.
         - Aracaju: ArtNer Comunicação, 2020.

              111p.: Il.
              ISBN: 978-65-990491-1-8

         1.   Literatura Sergipana –Memórias Poéticas   2. Poesia- Sergipe

         I - Título
                                              CDU:821.134.3 (813.7) - 1
Ficha catalográfica elaborada pela Bibliotecária:
Jane Guimarães Vasconcelos Santos CRB-5/975

Câmara Brasileira do Livro
ISBN 978-65-990491-1-8

Agradecimentos

Neste reverso do meu momento existencial, na amplitude de uma ideologia fulgurante.

Consternado pelos momentos vividos e dos incalculáveis instantes de alegrias.

Elevo meus votos de gratidão: primeiramente a Deus por me dar outra vida, a qual havia perdido, ele me devolveu de volta minha vida.

Obrigado Jesus.

Aos meus amados pais José Demésio Bomfim e Maria Núbia Rosendo Bomfim, que Deus os conceda ainda mais saúde e amor.

Aos meus irmãos, Volnei, Adailson, Clóvis, em especial por me engendrar no campo da arte. Margareth, Demésio, Nancy, Nadieje e Ezequiel, pela amizade e companheirismo.

Minha esposa, Maria Lúcia Santos Leite Bomfim e meus filhos Emanuel, Kaian e Ana Clara. Tios e tias: Rosilda Rosendo, Pedrinho, Odete Rosendo *(in memoriam)*, Rosalvo Rosendo *(in memoriam)*, José Rosendo, o Zé homem *(in memoriam)*, Marieta, Manuel Rosendo (in memoriam), tia Zidinha, tia Neide *(in memoriam)*. Tia Lioza *(in memoriam)*, Valter Demésio, Eusébia, Antônio Demesio *(in memoriam)*, tia Vera Bomfim, Juarez Demésio *(in memoriam)*, tia Marinete *(in memoriam)* Givaldo Demésio *(in memoriam)*, Cenide, Zenide, José Miúdo *(in memoriam)*. Tia Helena, Zequinha, José, tia Ivanilde, José Ricardo.

Aos meus avós paternos e maternos Margarida Bomfim, Manuel Demésio, Pedro Rosendo e Antônia Carlos *(in memoriam)*. Tia Mariinha; no verso militar Zezé Soldado, e todos os primos. Minhas bisavós: Mãe Júlia, meus bisavôs: Pantaleão *(in memoriam)*.

Cunhados e cunhadas, Alfredo, Jussara, Gleice, Silvia, pela revisão, Laércio, Diógenes, Márcio, Marcelo e Reginaldo.

Dona Laura, José Rodrigues e família. Ofereço a Academia de Polícia Civil, em nome do Dr. João Batista. Professora Gerísula Alcântara, professor Lula, Adriano Bandeira. Mestre Tobiático, Dr. Welington Mangueira, e demais membros.

Aos ex-integrantes do saudoso Grupo Dubla Jackson.

As irmãs de Sion, saudades; em nome da irmã Amábile; irmã Ivone *(in memoriam)*, irmãs Terezinha: irmã Cristina meus agradecimentos! Ao grupo Gesac. Padre Renato, gentileza e humildade, bispo Carlos Alberto, padre Jeferson, padre Marcelo Lessa. Padre Luiz Gonzaga *(in memoriam)*.

A Academia Sergipana de Letras. Instituo Histórico e Geográfico de Sergipe.

Meus sogros Otacílio *(in memoriam)* e Lígia, Zé Augusto.

Sobrinhos: Any Káren, Lucas, Kádja, Clardis, Heiko, Aílla, Luiky, Ekyloan, Bianca, Emily, Enndrey; Cloanderson, Lara Letícia, Cloilton, Kauan Kenedy, Maria Eduarda, Adrian, Valentia e Júlia. Meus primos Carla Rosendo, Nirley, Carlson, Nicson, Zé Roberto, Suzanete, Beto, Bebete, Valdson, Zezinho, Nilton,

Nino, Nél, Margareth, Maria, Margarida, Nide, saudosa Neuma, Pedro. Zilma, Ilma, Gilberto, Mauro da verdura, Adalmir, Amarildo, Wilis, Vilma poetisa. Prima Neta, Neto, Valquíria, Verônica. Terezinha (TT dos idosos), prima Zeca, Evânio Rosendo; Wédja, Heilane, Júnior Rosendo saudade sem fim. A todos os parentes.

Meus amigos de tempos longínquos João Batista Venceslau, Givanildo, Danilo, Wesley "Dindo", Arnaldo Andrade e família, Sr. Edinaldo e família; Rodrigo, Jeferson, Francisco de Assis, Edclan, Arnaldinho, Júnor, Henrique, Gilliard, Ikley, Pembeca, a memória do grande amigo Quinho; Aclécio, Jamisson, Welington, Reinaldo, João Paulo, Ionaldo, Josivaldo, Givonaldo, sgt. Cleanes e familiares; primo Manuca e família; Diego Melo, Diego Cruz. Jaildo, Jivaldo, Givanildo. Oberdan, Valtinho. Dona Terezinha *(in memoriam)*. Meus amigos da Rua da Cruz. A todos os amigos...

Sr. Gilson e dona Helena, dona Licinha *(in memoriam)*, Sr. Milton e dona Maria, dona Zul, em memória se Sr Andrezinho, Sr. Milton do cinema *(in memoriam)*. Minha amiga dona Dêja, Valquíria, mestre Alcosa símbolo da arte. Sr. Arivaldo (lengo) visionário da segurança pública, Ariston, Rosevaldo, Pêu, Alan, Sr. João Carlos, Sr. Otacílio, com mais de um século de vida. Sr. Zequinha dos correios.

Ao visionário Gonçalo Neto, ao santamarense de garra e amante dessa terra. Amigo e incentivador "vereador Rael". O jornalista e repórter Carlos França, dona Jandira caridade, saudoso Cotelo, James Avião,

Sr. Lica *(in memoriam)*. Sr. Geraldo e família, dona Cordélia, Marize de sua animação no reisado e quadrilha junina.

Graziella Resende (Gazu), por nos presentear com o hino de Santo Amaro das Brotas. Garção, Jú Fontes, Sr. João da Gata *(in memoriam)*, Antônio barbeiro, Ineizinha e sua voz, Sr. Nado da bodega, Pirineu *(in memoriam)*.

Aos amigos da tropa de escoteiros "Sênior".

Aos advogados, Dr. Fábio amigo gentileza, Diogo, Marília, Patrícia, Rosana, Dr. Thyego escudeiro da obra libertário e da cultura. Dr. Ernani, Rosana, Diego, Larissa, Risomara, Wanesy, Zé Augusto, Néviton, Dr. Mário. Dr. Egildo. Dr. Abílio, Gilmárcio, Eneldes e kauê.

A memória de meu amigo irmão "Francisco Joaquim vieira Filho", o Chico Brotas *(in memoriam)*, Douglas *(in memoriam)* menino grande coração. Júnior cabeça, Gladson, king a potência jovem, Guinho, Tony, Sr. Luiz guerreiro da vida. A memória de dona Ana, símbolo da caridade. E sua filha ícone da saúde, da arte, Denise *(in memoriam)*. Iran, Belmiro e familiares. Alesson Souza do Bradesco muito obrigado.

Dona Béco, Carlinhos e Deise, Ninha, dona Duda *(in memoriam)*. Dona Zinha e ao Samba de Coco São Benedito, mestre do reisado Firmino, a cultura em geral. Ao primo James Corrêa e a professora Edilene Corrêa.

Ao povo da minha cidade. Aos amigos do Fórum de Santo Amaro e Maruim, Dr. Tarik, Darcy, Márcia, Éverton, Sandra, Kliuton, Fabiano Adeildo guerreiro, Betânia, Renato, Maysa, Marcos Correa. Aos amigos vereadores que apoiaram essa causa. Aos alunos da Escola de Música Clave de Sol Músicos Aprendizes. Aos atuais, e os passados, Larissa, Davi, Estela, Netinho, Leonarda, Alana. Aos promotores, Dr. Wilton símbolo da humildade e caridade. Promotor Dr. Antônio Carlos Nascimento Santos, fiel amante da arte e incentivador da cultura. Promotor da gentileza, Dr. Adson. Promotora, Drª. Cecília Nogueira. O prefaciador dos mais raros, Dr. Carlos Alberto Garcia Leite, mestre da vida e professor de direito, militar, de origem. Nelson Ferreira Lima Júnior visionário da cultura. Dona Amália e Sr. Manoel Gomes *(in memoriam)*. Valter Gomes. Ao jornalista Carlos Alberto, filho da arte e da telecomunicação.

Ao amigo Chileno e família, sgt. Natanael *(in memoriam)*, sgt. Venceslau, Gilvan, Roberval, Iuranes, tenente Amaro, sgt. Alon, Yuri, Salú, Angelino, Paulo Freire, Andrei. Ao juiz de direito, Dr. Roberto Flávio Conrado de Almeida, guerreiro do exército brasileiro. Policial Civil Valdiney. Aos professores em geral que a mente falha em ser fiel a todos os nomes. Dona Dai, Joana, Yeda Nery, Consuêlo, Valdenes, Cecília, Rívia, Michael, Joana, Conceição, Edilene, Jivanildes, Janice, Windson (Dinho), Maria do Carmo, ambas. O amigo professor Neto *(in memoriam)*. Maria do Socorro, Anastácio, Gilvan, Silvaney pelo estímulo; mestre José Vlaudemi de Menezes. As escolas da minha trajetória, Menino Jesus de Sion; Esperidião Monteiro e Rogaciano. A memória do combatente do exército brasileiro João Ferreira da Costa *(in memoriam)* e família... Itany, dona Lourinha, Ronaldo, George homem de cultura e revolucionário poeta e professor; Paula. Irmão Russo e familiares, sgt. Vivaldo *(in memoriam)*. Aos poetas músicos e escritores de nossa cidade. Abdias, Ellen, dona Dunga parteira, Antônio Sérgio (Serjão). Iro, Osvaldo Silva, dona Gedalva, sgt. Wanderley, mestre poeta de vanguarda Odecil Netis teles *(in memoriam)*, João de Missiinha *(in memoriam)* seu discípulo João do cavaquinho, Cristian Vinicius e seu cavaquinho, Cloanderson guitarrista. Emanuel Bomfim grande músico. Ao nosso povo sofrido, ao motim, a vida.

Aos amigos que não mediram esforços em abraçar essa causa e contribuíram com elegância em tirar a rifa do projeto de lançamento.

A todos vocês se sintam abraçados com muito carinho agradeço de coração. Até pelos que não deram valor, mesmo assim agradeço, foram apenas, sucos de estímulo.

SUMÁRIO

Antelóquio poético

Doutor Carlos Alberto Garcia Leite*

Do meu planalto existêncial, da septuagenereidade cultural latente, mormente na lavratura de prefácios, jamais recebi a imponente missão de discernir sobre um opúsculo de poesia, insofismavelmente uma forma de expressão artística literária,

Graças ao humilde e talentoso colega de judiciário santamarense Rosemberg Bomfim, mercê de Deus e mútua amizade, acatei o tributo que reputo assaz honorífico. Rosemberg Bomfim é um poeta nato, que exprime suas obras com sensibilidade e beleza. E não foi necessário R.B. cursar uma faculdade de literatura"

Reflexo Imaginário" retrata fatos aborígines de "Juruama" e Sergipe d'El Rey e a considero verdadeiramente poética na conceituação genética do vocábulo, ou seja, a ciência que estuda a técnica da poesia ou simplesmente, uma obra didática sobre essa ciência.

"Reflexo Imaginário" é um maravilhoso conjunto literário divinamente inspirado por benignas encarnações pretéritas. Escrito em estilo lúcido, cativante e repleto do belo, expõe passagens e seres reais em sua essência.

Inexoravelmente, " Reflexo Imaginário" exercerá poderosa influência nos filhos do vale do Cotinguiba, incentivando-os ao estudo, ás letras e a ciência da poesia.

Sergipe e Santo Amaro ufanam-se dos filhos dos filhos escritores do clã Bomfim, CLÓVIS e ROSEMBERG e louvo a ambos com "palavras ocultas" da manifestação de Deus BAHÁ' Ú LLÁH que sentenciou
: "_ Ó filho do Espírito...
Eleva-te naquilo para que fostes criado!"

Do menor amigo

Militar de origem, operário do Direito e do Magistério

A MEMÓRIA DO SARGENTO NATANAEL

Como um dia que se passa.
Que a mente não falha.
Em confeccionar...
Memórias das horas.

Das voltas histórias.
Um homem exemplar.
Que feito de carne.
Semente plantar.

Abraço alegria.
Por onde corria.
Deixava na vista;
Da alma querida.

Que aqui completar...
Sonho, realidade buscar.
Caprichado caráter.
No vento paisagem.

No rio desbotar...
Poema resgate.
Caneta da arte.
Quer eternizar...

A alma bonita.
Que aqui em um dia.
Fez a sua trilha!
Deixou bem seguida.

Pra quem quer trilhar.
A falta é tamanha.
De a solidão crepitar.
No relógio do tempo.

No ponteiro sonolento.
No furo do vento.
Pois a sua falta.
Só nos faz chorar.

ENCONTRO COM O MESTRE
(Para Luiz Antônio Barreto) "in memoriam"

Em um repente vi chegar.
Um vulto da história.
Guarnecido com seu ar.
De grandeza e humildade.
Ao indagá-lo: mostrou-se.

Uma cadência e atenção.
Detalhei sobre o mestre.

"Tobias" o baluarte da nostalgia.
Sobre sua tão saudosa partida.
E revelou-me com alegria.
Como o poeta sorrateiro.

Deu adeus dessa nação.
Ao cerca-lhe a todo lado.
Perguntou-lhe advogado.
Pedindo-lhe seu cartão.
Rabiscou em um folheto.

Devolvendo educação.
A mim poeta guerreiro.
Um cartão muito bem feito.
Com um rosto tão ordeiro

O mulato negro irmão.
Seguidor de Tobias Barreto.
Historiador de dar a mão.

Veio despedir-se do poeta.

E da terra que já fez moradia.
Morando próximo a matriz.
Dessa cidade sofrida.
Luiz Antônio Barreto.

Que tive a honra.
De cumprimentá-lo.
Apertando-lhe a mão!

Filho das ventanias...
O sulco que balbucia.
A história que sorria.
Só chorou naquele dia...

Da partida tão corrida.
O Brasil lhe eterniza!
Filho raro da nação...

UMA PEÇA DE TEATRO

Seus moços me recordam.
Também fiz e me nomeio.
Pois aqui nessa cidade.
Um teatro verdadeiro.

De uma peça por vontade!
Dos amigos muito zelo.
Peça da paixão de Cristo.
Entristeço quando lembro.

Das figuras lá no palco.
Caminhão de Carlinhos Gago.
Era palco figurado.
Narração de Genivaldo.

Vários cristos sou bem, falho.
Mas recordo no recado.
Dos amigos e guerreiros.

Ao lembrar "Erinaldo".
Um papel muito bem feito.
Em Robson judiado...
O Tourão não tinha medo.

Do soldado e malvado.
Era Gleison muito ingrato.
Ao gritarem desespero.
De Demesio como Judas.
Caifás: Teninho bem feito...

De verônica e Rejane.
Edjane seu respeito.
Márcia Souza lealdade.

De Valdir Jesus coitado.
De Giltinho revoltado.
Foi por mim chicoteado.
Descontou no fim do feito.

Tantos nomes, tanta gente...
Ane Carla, oliveira,
Como Barrabás com medo.
De Marise e Denises.
Fez um povo justiceiro.

De Dan também fazia
De Rodrigo regalia.
No seu peito remanejo.
Ver Aclécio lá no alto...

Pela corda enforcado.
Nesses versos eternizados...
Perdoe-me dos que não falo.

Mas se incluam sem ter medo

O CÉREBRO E O CORAÇÃO

Todos mandados por um:
E ninguém a reclamar.
O olho só ele pisca.
"Quando ele" quer piscar.

A mão mesmo só alisa.
Se a "ele" perguntar.
As pernas só andariam.
Se a "ele" desejar.

O corpo só movimenta.
Se a "ele" conversar.

Só um ser ele respeita!
E também vive a falar.

Pois ás vezes ele para!
Sem o cérebro indagar.
E o coração fervilha.

E o cérebro acredita.
Que não vai se apaixonar..

DOIS EM UM

Acompanhado a todo instante.
Nunca só irá estar.
Num deserto abandonado.
Eis que ela sem ter pressa.

Ao seu lado bem embaixo.
Mesmo sendo esquecida.
Sua amiga companhia.
Nem deitado já sem vida.

Ela vai lhe abandonar.
Todo ato praticado.
Fica ela a imitar.

Mesmo um beijo enamorado.
Sendo ele no espaço.
Eis a sombra a lhe abraçar.

CASTRO ALVES E TOBIAS BARRETO

Defensores da raça negra.
Os negros foram seu alvo.
Pela luta tão cansada.
Suas casas fez morada.

O mulato revoltado.
Fez Tobias filho honrado.
Os queriam ter caçado.
Pele lei exterminado.
Na Bahia castro Alves.

Defendia com aplausos.
A memória que relias.
Pois na sua companhia.
Pra fazer da poesia.

Sua arma constrangida.
Na censura pela mídia.
Castro Alves e Tobias.

O BÊBADO E O EQUILÍBRIO

Em um circo vi no alto.
Um palhaço cabisbaixo.
Seu semblante derrubado.
Quando ele rejeitado.

Pela triste nostalgia.
Pois, não vendo bem do lado.
Um ébrio que tomado.
Desafia lá do palco.

Quem for mais equilibrado.
Ganhará mulher bonita.
O palhaço sem ter pasmo.
No trapézio dançarino.

Do nervoso foi tomado.
O amigo foi vaiado.
E caiu bem lá montado.
O mulato não sabia...

E subindo completado.
No percurso muito ágil.
Fazia-se de coitado.
Na verdade só fingia.

Da mulher que fez o trato...
Era o amor estrela guia

SÁBIO TEMPO
(Inspirado na obra de Laurindo Rabelo)

Pedindo ao vento tempo.
Do ter tempo sem ter nada.
Tive tempo e compreendo.
Tive tempo e hoje nada.

Só gastei zombei do tempo.
Nessa vida que não para.
Estou velho e não entendo.
Perdi tempo na calçada.

Hoje quero, e não tenho.
Sou feliz mesmo sem nada.
Mas não quis tendo do tempo.
Que agora sobrou nada.
Ele fura vara o vento.
Tive tempo e não fiz nada.

O HOMEM DA VASELINA

Lá na rua da "Areinha."
O presente traz o fato.
A figura que narrado.
Na palavra, recordado.

Lá na feira empolgado.
"Seu Aurélio" que vendia.
Pra o cabelo caprichado.
O homem da vaselina.

Viu-se aqui em Santo Amaro.
Vendia na sua casa.
Não me recordo mais eu marco.

Os amigos que indago.
Nesse verso revelado...

Sr. Aurélio.

AYRES DA ROCHA

Pelo obscuro alheio.
Desse povo o menosprezo.
Em um bojo embarcado.
Em "Elvas" que foi gerado.

De "Leonor" nasceu guerreiro.
Na Bahia fez morada.
E partiu navio de gala.
Tripulantes na caçada.
Em Sergipe serenata.
Essas terras foram doadas.

Honraria como prêmio.
Foi ganha conquistada.
Instalou sua morada.
Da fazenda foi comprada.

Por Martins por derradeiro.
Portugal país de berço...

DE CADEIA A ESCOLA

Onde hoje levantada.
A escola que servida.
Presidente da Província.
Sua veste iluminada.

Graccho Cardoso de fibra.
Da cadeia masoquista.
Nessa águia apresentada.
Da masmorra truculenta.

Onde vidas que jogadas.
Na escada que descida.
Do Estado a mais temida.
Teve vida ali castrada.

Os terríveis que terminam.
Não pensou que aguardava.
A masmorra assassina.
Hoje escola aplaudida.

Com um nome apresentada.
De um filho semeado.
Esperidião Monteiro.
A escola sem ter medo.

Do seu povo lecionava.
Hoje ainda vive erguida.
Patrimônio das antigas.
Dominguinhos que estudava.

Dr. Esperidião Monteiro.
O seu nome grande preço.
A cidade seu respeito.
Da escola relembrada.

O TÚMULO DE BÔTO
(Para o escritor Clóvis Bomfim)

Um filho de Santo Amaro.
Resolveu a pesquisar.
A biografia dele.
Vem há anos decifrar.

Pois era filho de Capela.
Descendente de outra era.
É um vulto de Sergipe.
Um rábula da política.

Ou robusto sangue quente.
Pesquisada a sepultura.
Onde o corpo dele está.
Foram citados vários nomes.

Onde ele a descansar.
Mas ali não comprovado.
Na cidade em São Cristóvão.
Onde ele fez morada.

O guerreiro dessa margem.
Conseguiu localizar.

O EMBRIÃO DA POESIA

Noturno vulto.
Cordão blindado.

Amor ridículo.
Luar moldado.

Papel no lixo.
Um riso largo.

Paixão de Cristo.
Final narrado.

Dez mil formigas.
Burro deitado.

Todo poema.
Que ocultado.

No esconderijo.
Do tempo gasto.

CARECÃO

Criados naquele campo.
Vi atletas começarem.
Eu também vi Gionaldo.
Com seus passes ofertar.

Sendo Vilton, retrucado.
Lateral de comentar.
Cada passe bem guiado.
Centro avante a pular.

Dio cãozinho, um golaço.
No carecão a pedalar.
De Alan, lá bem plantado.
Numa área apresentar.

Zé Roberto muito clássico.
Moacir limpa o espaço.
Para o jogo começar.
Carecão hoje acabado.

O esporte a soterrar.
Campeonato invalidado.
Nesse campo muito amado.
Uma lágrima a rolar.

Um zagueiro muito alto.
Em Arnon a batalhar.
Lápis sempre renomado.
Pedro cachorro revelado.

Um artilheiro inventado.
Era gol, rede furar.

Era Ney cumprimentado.
De Cleones atacado.
Do goleiro defezasso.

Aldo a bola vai pegar.
Em Niô goleiro raro.
De João Bispo fardado.
Para o gol ele evitar.
Um Teiú muito falado.

Tantos craques, tantos astros.
Que agora abalado.
Carecão a só lembrar...

RENOVADOR DO SÉCULO XX

Ainda a mente acusa.
Quem quiser pode chorar!
Nelson Lima sua luta.
Hoje desmanchou no ar.

Em afluente do rio Sergipe.
Travessia de lembrar.
Para a Capital querida.
Na canoa vi chegar.
Reformista da camada.
Vive agora a desejar.
Nosso olho não alcança.

O que agora não mostrar.
Elevado tal tornado.
Nunca mais irá voltar.

ACENDEDOR DE LAMPIÃO

(Em memória do secretário e grande arquiteto político,
Américo Quirino de Melo)

Na sede dessa vila.
Vários nomes confirmar.
Um rapaz que se confirma.
Pela rua iluminar.

Acendia lampião.
Pela vila espalhar.
Foi firmado, exaltado.
Um guerreiro popular.

Tal caligrafia.
Pros de hoje invejar.
Arquiteto da política.
Que sabia organizar.

Secretário ovacionado.
Era só ele apoiar.
Na cadeira de prefeito.
Que, fizeram vários lá sentar.

Américo Quirino de Melo.
Nosso povo a relembrar.

SENTIMENTOS E A POESIA

Um universo de sentimentos.
De falados outros termos.
Vindo de outro paradeiro.
De origens outras línguas.

Sentimentos menosprezados.
O amor, o mais guerreiro.
O rancor por derradeiro.
Alegria fez um cerco.

Pra tristeza não ter meio.
Do planeta desespero.
Faltava-lhes só o medo.
Pra o planeta dia e meio.

Ter seu fim traiçoeiro.
Um foguete que lá vejo.
No respingo do braseiro.
Uma coisa que nomeio.

Chamado de poesia.
A junção e um sentimento.
Reuniu soprado o vento.
Um poema o seu guia...

Fez um beijo derradeiro.
Juntados fez poesia.

PADRE DANTAS E O CORONEL JACINTHO

Ascendino, bem ao meio.
De Jacintho e o padre olmeiro.
Lá na praça que nomeio.
Hoje, ontem do guerreiro.

Coronel desapercebido.
Pelo olho inimigo.
São rivais, mas, interveio.
Ascendino um amigo.

Que não tinha no seu peito.
E fiel ao grande filho.
Da cidade do desterro.
Em estado mês de janeiro.

Escreveu ao companheiro.
O poeta do soneto.
Pois, Jacintho Cavalheiro.
No seu lado de esquerdo.

Desprezou o padre, então.
Indicando a Ascendino.
O chamando grande amigo.
E Dantas seu inimigo.

Do armeiro infalível.
Que morreu, mas está vivo.
Em alguns dos corações.

A AREIA E O MAR

No dia que se viram.
Não quis mais se separar.
Tomaram-se, namoraram-se.
Para sempre eternizar.

Um existe na miragem!
Onde o frio só faz gritar.
A vontade outra margem.
O mar manso a perguntar.

Numa onda estiagem.
A areia a mendigar.
Fazia-se da roupagem.

Onde o dia vai raiar.
Um casal de uma viagem.
Água e mar a se abraçar.

FUGA PRA LAGOA SECA

A Mando de "Almeida Boto"
Veio aqui um "Soledade".
Um capanga e armado.
Fez ao povo crueldade.
A vila abandonada.
Sua casa que fechadas.
Na lagoa que migrava.
Codinome "João bolacha".
Que a frente da igreja.
Até hoje lá plantada.
Desafia de um povo.
Um motim organizava.
Fez da arma uma guerra.
Da imagem decepada.
No tempo que tinha homem.
Que a vida; a terra dava!
Só restou sobrou só vento...
Mas que uiva retrucava.
Escondia na lagoa.
De um tiro que voltava.
Foi morto "João bolacha".
A honra daquele povo.
Que de sangue foi lavada!

AO SAUDOSO AMIGO JIRICO
(À memória de Gionaldo da Silva Santana, o jirico)

O seu nome é marcado.
Sempre aqui será lembrado.
Quando em vida Gionaldo.
Seus cabelos: um golaço.
Vendo a rede inesperada.
O seu modo carismático.
Amizade a todo lado.
Sua falta no gramado.

Sua vida nesse palco.
Pelo mundo que narrado.
O destino de impacto.

A saudade peito bravo.
O seu rosto iluminado.
A vontade traz o fato.

De "Jerico" aqui chamado.
Sua mente nesse espaço.
Na vontade de voltar.

Doze anos da partida.
Pois aqueles que aqui ficam.
Nessa volta de um dia.
Para sempre se encontrar.

CAMPEÃO DE 74

Nas entranhas de um povo.
Foi criado o Botafogo.
Muito honrado caprichado.
Teve nomes no seu jogo.

Que fazia de bom gosto.
Os filhos de Santo Amaro.
Muito têm a se orgulhar.
"Mão- de- onça" grande astro.

No gramado a batalhar.
Lateral de muito gosto.
O gramado a lamentar.
Pois, não é mais apalpado.
Com seu passe no tocar.
"Seu Zequinha" respeitado.

Cada passe bem guiado.
Lateral de se orgulhar.
De "Bebero" eternizado.
Em Arnaldo estilado.

De Dodão ver-se golaço.
No "Palestra" a balançar.
"Elenias" dar-se um, passo.
"Seu Fernando" repassar.

Da presidência "seu Azevedo".
De "Pata" e "Negro Hélio".

De "Antônio," do grande "Drope."
Dela Bianco craque de impacto

Centro avante de postura
"Wellington baixinho." citado.
Professor em "seu Geraldo".
Pra equipe formatar

Tantos nomes pro poema.
Perdoe-me da ausência.

Dos que aqui não vou citar.
Mas falando em Botafogo.
Vocês podem se escalar...

JURUAMA

Em viagem a "Amazonas."
Viu-se um fato confirmar.
De paixão o qual confrontas.
Município Juruá.

A cabocla "Juruama".
Fez o coração pensar.
E também o coronel.
Da batalha fez travar.
No diário oficial.
A notícia anunciar.
"Jacinto" deu-se um disparo.
Para o nome cancelar.

O nome desmoraliza.
A vila que aplaudida.
Pois, "Jacinto" deu a vida.
Para vê-la não tombar.
Seu "Alon" apaixonado.
Fez o povo revoltado

Do seu nome quer voltar.
Codinome Santo Amaro.
A cidade do lembrar...

A FOLHA E O VENTO

Solta da árvore oliveira.
Caída de uma espirradeira.
Jogada a sábia ventania.
Não por acaso a descida.

Mas, foi soprada pele ventania.
Visitou fazendas pistas.
Invadida pela chuva traiçoeira.
Em um poste rebatido.

Caia ao chão e toda limpa.
A formiga na espreita.
Pra poder levar nas costas.
Uma força bem ligeira.

A levando numa reta.
Sua tenda ribanceira.
As formigas tão faceiras.
E o vento que deseja.

A deixando na porteira.
Onde o vento vai soprar.
Nessa ronda sonolenta.
O vento que galopeia.
E o sol também vagueia.
Folha e vento namorar.

MENDIGO DE POESIA

Escutando o trem dar voltas.
Embarcando num sono livros.
A procura das palavras.
Das inspirações jogadas.

Com um saco carrega letras.
Tudo a procura da lágrima.
Imperfeições malvadas.
Coroas, jogadas despedaçadas.

Lágrimas várias risadas.
Chuvas secas fornalhas.
De velhas nas praças...

Nos livros passeatas.
Retruco aos poemas.
Mendigo palavras.

A PIPA DO MENINO

No céu se vai...
Tem ventania.
Sopro da linha.

Faz de menina.
Cordão que trinca.
Banhada a trilha.

Subindo grita.
Menina fica.
A pedir linha.

Cerol na pipa.
A linha amiga.
Subindo limpa.

No céu crepita.
No universo um temporal.
Sobe a pipinha...

Só cai poesia.
Planeta vibra.
Plutão: bem vinda!

No carnaval...
Sem sol sem lua.
Só temporal.

Desconhecida melancolia.

Pois a pipinha.
Ficou sozinha.

No planetinha.
Já sem comida.
Comia vento.

E já perdida.
Canção final.

VAVÁ BADEJO

Conhecido em todo Estado.
Um talento antecipado.
Um acordeom falado.
Com seu grupo bem montado.

Um político mostrado.
Da semente que jogado.
Nunca mais renascerá.
Músico de tempo raro.

O nordeste é aclamado.
Foram poucos lá no alto.
Sua sina seu tablado.
Foi assim certificado.
Professor bem apanhado.
Sua vida, um fim trágico.

No baião era aplaudido
O forró era bonito;
Lá na praça, com Vavá.

Um político definido.
Pra os de hoje invejar.
Foi o grande "Valdemar".

REINADO

No seu reinado.
Foi marcado.
Por um servo.
Filho ingrato.

Pois a ti, foi confiado.
Todo ouro Acastelado.
Era o rei maravilhado.
Confiado e era amado.

A rainha lado a lado.
Resolvendo sem ter pasmo.
Traição ao rei "calado".
Do amor abandonado.

A rainha fez um trato.
De poder com aliados.
Sua vida terminar.

Reino unido e era farto.
E o rei foi enganado.
No seu servo tinha algo.
Que ninguém a comparar.

Foi de cima do castelo.
Que o rei embriagado.
Com ajuda do amado.
O jogou bem lá do alto.
E na queda foi gritado.

Pelo servo bem amado.
Sua vida a se acabar.

SOL E A LUA

Numa constante indiferença.
Inimigos e rivais.
No acende e outro apaga.
Que ninguém aguenta mais.

As estrelas deprimidas.
Pois os astros que morriam.
Dessa fúria restringida.
Pois a lua não podia.

Pelo dia iluminar.
Mas a sua revelia.
Que o sol se enfurecia.
Quando ele se escondia.

Para o dia não raiar.
No vai e volta da briga.
A lua fez-se mantida.
E o sol que não temia.

Manteve-se no lugar.
Pois o dia escurecia.
Madrugada também vinha.
E o sol a reclamar...

Duraram tempos essa briga.
Vendo ao outro não temia.
Resolveram se juntar!
Sendo a noite meio dia.

E o dia anoitecia.
Um eclipse no ar...

E o dia anoitecia.

NOSSA CULTURA

Do enredo da cantiga.
Personagens de lembrar.
De dona "Zefinha" da argila.
Dona "Anúzia" no cantar.

"Abdias" desenhista.
Batalhão que vem brincar.
"Clóvis" toma da escrita.
Que a nós vem revelar.

Dos poetas que noitinha.
Vem da rima a nós citar.
Vai chover da poesia.

Da caneta vai pingar.
A cultura se esquiva.
Faltam homens pra lutar!

CRIAÇÃO DO SOL

Do que é criado.
Um fenômeno plantado.
Se é fogo do carvalho.
Uma origem candelabro.

Formação feito de raio.
E duvidam lá do alto!
Por alguém e foi criado.
Mas foi "Deus" que num instalo.

Fez o raio apontar.
Foi o criador sentado.
Numa pedra atirar.

Pela força do impacto.
Foi o grito e tão rápido.
Começou avermelhar.

O estouro de um disparo.
Numa bola transformar.
Depois de fogo pegado.
Vendo o sol a lagrimar.

CIDADE DO JÁ TEVE

Aqui em Santo Amaro.
Já teve homem de garra.
Tudo tinha conta um povo.
Hospital tinha, Pousada...

Tinha hotel arquitetado.
De coral, banda na praça.
Filarmônica bordado.
Tinha firma instalada.

Clube e danceteria.
De cinema livraria.
Digo da biblioteca.
Do poeta inaugurado.

Feita por um jornalista.
Um guerreiro reformista.
"Aloisio de Gonzaga".

Tinha grupo de teatro.
Santo Amaro apresentada.
No Estado, "Dubla Jackson".
Os Broteiros lá na praça.

De artistas poesias,
Composição inspirada.
Nailson traz magia.
Região canção falada.
Lugar comum euforia.

Sua melodia em praça.
Sanfona sacudida.
De Dudu, da sua garra...

Nossa terra então honrada.
Tinha grupo capoeira.
Hoje em dia abandonada.
Se não fosse um guerreiro.

Hoje estava sepultada.
Tinhas potes e moringas.
Feito por "dona Zefinha".
Que já foi cumprimentada.

Campeonato de quadrilha.
Nada haver tinha a política.
A cultura revelada.
A cidade do já teve...

Que já teve e hoje nada.

PEDAÇO DE CARNE

Ela fica na boca.
Que coisa horrorosa.
Também rancorosa.
E sabe falar...

Foi Cristo por ela.
Entregue na roda.
Do sangue da rosa.
No chão milagroso.

Nós somos a pólvora.
Por ela que gosta.
Julgar sem a prova.

A cabeça redobra.
A língua teimosa.
Que só faz julgar.

DINHEIRO SEM SAÚDE

Uma vez passado o fato.
Que, a nós vem mostrar.
Milionário de dinheiro.
Na doença desmanchar.

Enfermo todo caído.
O dinheiro a lhe ofertar.
Uma mala recheada.
De notas a não contar.

Olhou para aquela grana.
Sem vontade de pegar.
E jogou no fogo tudo.
Era ele a lamentar.

Queria mesmo saúde!
Mesmo indo mendigar.

O ESCOTISMO EM
SANTO AMARO DAS BROTAS

Lá no ano de 90.
Uma cabeça renovada.
Quando "Júlio de Azevedo".
Pôs aqui que não tem nada.

De "Mamédio" na chefia.
Chefe, "Manoel" incentivava!
"Chefe João" que na cantiga.
Tropa Sênior revelava.

Teve "Dan" chefe guerreiro.
Componentes que resguarda.
"Gargamel" no acampamento.
De "Peixoto" gargalhada.

Como se esquecer de "Hudson".
"Ananias" muita raiva.
Comparou-lhe com bueiro.
Sua raiva extravasa.

Dos nossos citamos "Cícero".
Hoje em dia que não para.
Vive a vida em boemia.
Que Jesus renove a alma.

"Adalmir" de sua estima.
De "Rodrigo" lealdade...
Monitor de muito exemplo.

Grande exemplo atividade.

"Nascimento" da guerrilha.
"Gilvan" chefe da palmares.
"Tem "Valmir, Tiago Melo"".
De "Corrêa" novo traje.

"Edclan" verso blindado.
"Elizeu" todo empolgado.
Aclécio forte guerreiro.
Anderson trago no verso.

"Pioneiros" reciclagem.
Monitor de muito exemplo.
"Geo." escudo que mantém.
Bandeirola do seu lado.

Das meninas variadas.
"Ana Paula" de Dayane.
De Joana, amizade.
De Ane ficou saudade.
De Nancy tranquilidade.
Ângela traz liberdade.

O verso invade o tempo.
Abraça-lhe com vontade.
Wesley guarda o rimado.
Sua memória honestidade...

Termino já com saudade.
Não fui justo ao relato.

Não falei de todo mundo.

Mas se incluam, transladado.

O ESQUARTEJAMENTO DE TIRADENTES

Para abafar a vontade do povo.
Órfão de pai e mãe!
Tropeiro minerador dentista.
Foi banido qual pior bandido.

Cortada as pernas decepadas.
Separada da cabeça o corpo.
Soldado mineiro renovado.
Foi vítima desse país forjado.

Maquiado de democracia.
Pintado de injustiça.
Renovado do preconceito.

Puxado pelo carrasco.
No círculo desespero..
Abandonado qual cristo.

Sem ter ninguém.
Só pedindo vida...

SEVERO D' ACELINO

É com honra também respeito.
No poema mencionar.
Sem Sergipe ver-se guerreiro.

Na bravura incendiar.
Lembra o guardião passado.
Em "Tobias" meditar.
Pois defende sem ter pasmo.
A cultura exemplar.

Um mulato fermentado.
De no sangue ver pulsar.
Evolui a raça negra.

Combatente de empolgar.
No Brasil é comentado.
Em "Severo" registrar.

ARQUITETA

Aracnídea alvejada ingratidão.
A vejo com mãos,
A subir a construção.

Sua teia é mapeada.
Pureza imperfeição aguda.
Uma ponte do imperador.
Uma ligadura uma casa.

O pedaço uma nova estação.
É com toda paciência.
Essas teias sonolentas.
Que no ar se faz atenta.

Pra fazer da ponte amena.
Pro seu peso que contempla.
Na escada na fazenda.

No telhado ou na lenha.
Uma arte de artesão.

DEFENSOR DO CARECÃO

(poema dedicado ao defensor do carecão s.r. Moacir)

Quando destruíram o campo.
Acredito vou falar.
A cabeça do guerreiro.
Não parava de pensar.

Não vai ter, mas grande jogo.
De seu time no marcar.
Varria tratava o campo.
Com tinta depositar.

Separando cada espaço.
De o goleiro rejeitar.
Mesmo assim, ver-se golaço.

A galera vai gritar.
Carecão hoje acabado
Moacir a lamentar..

ESPELHO

Reflete-se ao relâmpago.
No gorjear revira.
Reflete-se a imagem destroço.
Da passada fome germina.

A beleza da bela o raro.
A feiura do ser garimpa.
Dois em qual retrato.
Mas se move intimida.

Faz careta é risonho.
Não fala mais, porém te língua.
Na tristeza resguardada.
De um vulto na cozinha.

De uma bruxa enganada.
Fazia-lhe de menina.

NAMORO DA FLOR

Ficando numa solidão.
O amor lhe diz um não.
Na sombra de sol amargo.
Admira-se a paixão.

Sugando da terra o seco.
Pedindo em desespero.
Companhia devoção.
Lá em cima do coreto.

Abraçou-lhe com tanto zelo.
O beijo do beija flor.
Um forasteiro agoniado.

IDIOMA UNIVERSAL

Toda língua um idioma.
No Japão urigatow.
No Brasil aportuguesado.

Jerusalém diversifica.
Na Espanha da espanhola.
O inglês o mais falado.

Italiano repassado.
Paraguai das paraguaias.
Cada gente um comentário.

Só uma palavra é entendida.
Por todo mundo um só significado.
É quando se der uma vaia.

O VALOR DA CADEIRA

Você já perguntou a cadeira?
Ou já a agradeceu?
Por segurar seu peso.
Por descansar seu corpo?

Mas; quando chega.
A um setor público.
Ela é total valorizada.
É cobiçada e disputada.

Todos querem um assento.
Mesmo sem poltrona.
Ela é um alívio...

Por isso reconheça!
O valor de uma cadeira.
Ela é uma grande amiga.

TEMPESTADE DAS PALAVRAS

E o vento deu um grito.
Levantando as letras.
Despertando aquele rito.
De uma voz dos manuscritos.

Eram frases que formavam.
Em poema das saladas.
Os "os" em fila indiana.
Rebatido pelo "h" fumaças.

Formando frases amadas.
Nos bicos dos pássaros.
Que juntando os pendurados.
Rasgados pelos vidros.

Nas linhas do Equador.
O vento sopra poesias.
Nos becos sem neblina.
Do relato do amor.

AMANTE DO VENTO

Foi um dia eu vi na rua.
A amiga a conversar.
Conversando com o vento.
Começou a se beijar.

Todo povo da esquina.
Um ao outro perguntar.
Com quem ela conversava.
Se beijando a passear.

Uma gota lá de cima.
Fez ainda despertar.
O assobio e uma lata.

Que queria paquerar.
Namorando com o vento.
Ventania fez cismar.

JESUS NA CRUZ

Aqueles braços abertos.
As mãos de um profeta.
O seu lado furado.
Renova todas as coisas.

Sem ter feito nada.
Morto por inveja,
Até que poderia.
Recorrer dos anjos.

Para um conforto.
Sua mãe chorava.
O céu trovejava.

O véu do tempo rasgava.

O VERDADEIRO CAMPEÃO

As marcas principal vitória.
No que, aqui se planta.
Colhe-se bem depois a fruta.
A morte angústia da vida.

O choro de uma derrota.
A decepção da caída.
A história é renegada.
O amor sempre seixa a marca.

O justo campeão da trajetória.
Exibe-se a plateia comovida.

Revê–se reconhecido.
Numa inabalável derrota.

SEMENTE MORTA

Joga ao tempo sertão a fora.
Caroços na terra bajes ao chão.
O mato queimado sertão castigado.
Passou-se a garoa o vento nublado.

O mato queimado a volta já vem.
Tudo se renova semente formosa.
No triste verão as folhas são mortas.
Mas chegou-se o inverno tudo se retém.

Só a nossa vida que não se renova.
Semente que morta aqui não, mas vem.
Terra degustada por água molhada.

Mas não tem mais jeito.
É semente morta.
Que não se, mas vêm...

O GRITO

A praça grita.
Abandonada...
O pássaro criva.
Canta engasga.

O peixe, oxigênio.
Estátua quebrada.
Não importa o feito.
Quem fez ou fala.

Dinheiro do povo!
Lama jogada.
Fiz uma entrevista:

A praça chorava!
Pedindo um beijo.
Ser reformada.

AGULHA

Vestem os outros.
Escandaliza a pele.
Ultraje assombroso,
Esconde a pele.

Mas vive nua.
Despida a tese.
Vestido mágico.
Da voz celeste.

Criança o choro.
Coberta a febre.

No rio que fere.
Da moda estouro.
De Fred Mercury.

PALAVRAS ROMÂNTICAS

As mais belas coisas.
Esconde-se no fundo.
De um coração sem cais.
Sem ponte despercebida.

O amor esconde geleiras.
Em infinitos da solidão.
Na felicidade das canções.
Na mente do esquecido.

Lágrimas decepções.
No valor da coisa perdida.
Sozinhos tristes sermões.

Na forte pancada do não.
Chorando pedindo perdão.
Por não ouvires o coração.

COR DA PELE

Multicolorido.
Negro mulato.
Branco cafuzo.
Moreno pardo.

Amarelo mameluco.
Índio escravo.
Loiro escuro.
Nos deixa confuso.
A alma confunde.
A cor no escuro.

Ela não tem cor.
É tudo bem junto.
A alma é multicolor.

PEDRA DE CRACK

Pelas paradas da trajetória.
Minuciosa do caminho.
Deparo-me com fantoche.
Um mameluco fantasiado.

Dominado; digo amargo.
Pela fome atropelado.
Não comida; alimento.
No cachimbo empedrado.

Era ele aqui vivendo.
Já não vive viciado...
Gosta mas do sofrimento.

Que viver qual libertado.
O cachimbo do diabo.
Como é aqui chamado.

Está secando feito galho.
Pelo sol que é castigado.

VIDENTE DA POESIA

É ele o mostrador.
Da paisagem apagada.
Do riso calçado.
Da dor do autor.

De rio que reage.
Da flor da folhagem.
Do fim que chegou.
Do rito coragem.

Do sol que enganou.
É ele o vidente.
Que traz e de repente.

Inspira na mente.
Soprado poente.
A lua minguou...

O PALADAR DOS MARISCOS

Nem humano nem animal.
Que pisa na terra.
Que beba do sal.
Só eles que valsam.

Na água salgada.
As bebem relaxam.
Sabor conjugal.
Completam respiram.

Tanto sal só inspira.
Camarão caranguejo.

Sabor colorido.
Na folha alimento.

Comendo da lama.
Tão negra tamanha.
Só a mão divina.
Para respostar.

DONOS DA NOITE

E o dia vira noite.
A treva é sua luz.
E o amanhecer anoitecer.
Noturnos ambulantes.

Dormem todo "o" dia.
E, no acender da noite.
Viram-se andarilhos.
Do grande crepúsculo.

Misterioso escuro.
Na tela prateada.
Morcegos seu grito.

A coruja que rasga.
Atravessando o peito.
Triste cavalgada!

UMAS LINHAS

Assim é a vida...
Prende-nos numa vala.
Descendo bem mansa.
A recordação espanta!

Na fotografia do saudoso "Rodrigues"
No rosto pintado, camisa.
Do alegre amigo Deivid.
A canção exala poema.

O ardor do gosto.
A escuridão da rua.
É mas um, que dá partida.

Eu sou herói, grandes "Heróis".
O batalhão do mundo soprou.
A história não apaga.

Ela traz a memória.
Filhos raros no poema.
Que a escrita eternizou...

A BELEZA E O AMOR

O coração farsante.
Do amor impossível.
Nessa constante intensidade.
De amar por ideal.

A beleza externa face.
E esquece o coração fraternal.
Não ame pela beleza da carne.
Pois um dia se acaba final.

A velhice não tem piedade.
E nos deixa sentimental.
O semblante um desgaste.

Abate-lhe com o sinal.
De chorar sem ter vontade.
De na lágrima mortal.

FABRICANTE

(dedicado ao Sr. Antônio Andrade)

Em um tempo já distante.
De a palavra renovar.
Senhor "Toinho" um resgate.
Na cidade fabricar.

Um caixote pra viagem.
Que não dar, mas pra voltar.
Executava nessa cidade.
O caixão pra descansar.

Essas letras invadem.
O escuro do luar.
Quem, o viu nessa roupagem.

Que do rio escorregar.
Do caixão a tecelagem.
De o soneto transladar.

CHICO ANYSIO

O país despede-se
Desconfigurado rosto.
Mancha o maquiado.
Perde um ídolo.

Um herói da tela.
Inúmeros papéis.
Incalculáveis personagens.
Um método inconfundível.

O mundo o perde...
O Brasil vai chorar.
Muitos raros anos.

Para gerar de novo.
Outro "Chico Anysio".

ESTRELA SOLITÁRIA

Arrastada por um meteoro.
Por um susto arrancado.
Ficando seu corpo todo.
Perdido num universo achado.

Choro lágrima estrela.
Pelo cruzeiro não avistado.
Gemeu dias gritava.
Sozinha foi menosprezada.

Perdeu a trilha da estrada.
Conformou-se com a ventania.
Que ao longe assobiava.

A estrelinha solitária.
Por um fogo toda queimada.
A estrela morreu sufocada.

A MEDALHA DO SOLDADO

Um guerreiro nunca morre.
Fica no coração eternizado.
Nem a morte o abate.
Tristeza do vivendo.

Combatentes és uma estrela...

Em novo horizonte a verdade.
É saudade que nos comove.

É prazer em tê-lo conhecido.
É um sonho essa vida.
A tua medalha está no peito.

Da trajetória em que veio.
Essa semente germinada.
Do soldado corneteiro.

CURADOR

Beijava a lepra.
Abraçava o impuro.
Acalentava a meretriz.
Acolhia o abandonado.

Iluminava o cego.
Dava pernas ao coxo.
Reviveu os mortos.

Matou fomes.
Dos sedentos peregrinos.
Deu tudo que pôde.
E não foi reconhecido.

Ganhou foi o desprezo.
Negação traição.
Apunhalado pelas costas...

FARRAPO DE CORAÇÃO

Falta um pedaço.
Em um peito de mãe.
Seu filho cortado.
No chão enterrado.

Só uma mãe chorosa.
Despedir-se de um pequeno.
Menino pra sempre.
Não a dor que compare.

O poeta tenta sentir.
Um pouso dessa tristeza.
Imaculado coração.
Apunhalado uma espada.

A mãezinha que dor...
De separar-te do filho.
Filho menino minguou.

Memória eterna.
Triste poeta.
Ser feito de dor.

O VIOLÃO E ARACAJU

Chupada a música cantiga.
De um trigo pão da vida.
Do sabor que faz bebida.
Do suco da melodia.

Da palavra faz recria.

De cidade tão bonita.
Da viola dedilhada.
Da canção que "Chico" exalta.
Ou de "Mingo" na calçada.
De viola bem tocada.

Dos "Rogérios" decifravas
Dos artistas sua graça.
Aracaju cidade amada.
Tobias também tocava.
Violão que dedilhava.
Violão e Aracaju.

UMA LÂMPADA
(inspirada na companhia do artista plástico
Jader de Oliveira Bito)

No bocal é colocada.
Rodada e encaixada.
Sem validade para apagar.
No circuito abalado.

Mas torna a iluminar.
Assim, é a nossa vida.
É injetada criada.
Sem prazo para durar.

Ela é inesperada.
Dura muito às vezes nada.
É linda maravilhada.
Sem data pra terminar.
Ela é hoje comparada.
Com a lâmpada a apagar...

CORAÇÃO DE MÃE

A perda de sua filha.
Lágrimas contínuas...
Sua luta aguerrida.
Menosprezadas linhas.
Trinta anos que lagrima.

Batalha com feridas.
Os poros fervilha.
Que chora partida.

As mãos que tremida.
A face sofrida.
Família despida.

Da face caída.
Só Deus das Marias.
Pra perda da vida.
Poder remontar.

VIAJANTE DA NOTÍCIA

Ele é simples papel.
Rabiscado desenhado.
Traz notícia de "Israel".
De Sergipe a de "Amparo".

Traz comércio fogaréu.
Vende imóvel ou carro usado.
Ou do crime em coquetel.
Tem receita tem diálogo.

Futebol traz o placar.
Da rodada pódio alto.
De política um troféu.

De um povo enganado.
A notícia que colhida.
Feita tipo poesia.

BENS MATERIAIS

Uma junção tão aguda.
Uma fome sem ternura.
A ganância o manchou.
O dinheiro joia rara.

Nem a morte respeitou.
Mas ela tão só se cala.
Esconde-se na sacada.
Pelo uivo que vazou.

Seus carros fazendas caras.
Diante dela não és nada!
Pois não leva esbagaça!
Só saudade que ficou.

Seja próximo a caridade.
Faça o bem nessa passagem.
Pois daqui não levas "nada".
Absolutamente nada...

Sou poeta sou cantor.

PESO DA CRUZ

Sobre os ombros caído peso.
Mas pesado que o desespero.
Caiu jogado ao chão "JESUS".
Todos os pecados que carregava.

Que o seu corpo não suportava.
Tamanho fio de águas.
Sua mãe desconsolada.
Sua face cortada desenhada.

Por "Verônica" que cantava.
Um rosto, perfeito amor.
Nos dado sobre vaias.

Que Herodes provocou.
Grande peso nossa causa.
Mas assim nos perdoou.

JANELAS DA ALMA

Na porta do corpo.
Um batedor pulsa.
Estômago zoa.
A água lava desce.

A porta dos fundos.
Escancara tremida.
O ouvido cera.
A invejosa língua.

E o inspetor espia.
Analisa o futuro.
De cada órgão.

Serve de refúgio.
E o olho teima.
Em não ser.

As janelas da alma.

AO MESTRE GARCIA LEITE

(ao mestre Garcia Leite pelo seu enorme coração)

Rendido pelo imprevisto destino.
Por uma criança acometida.
Por sua guarda prometido.
Uma beleza entristecida.

Indagado pelo "parquet" o enlaço.
O mestre com o coração tocado.
Pela estrada para casa.
Os doutores no seu rastro.
Pra poder lhe resgatar.
Revelando no momento.

E o doutor pensou bem rápido.
Mas os pais, que não queriam.
A criança coitadinha.

Decidiram resgatar.

CAMALEÃO DAS PALAVRAS

Ele confunde hipnotiza.
Torna-se um palhaço embebido.
Ou um nostálgico suicida.
Ele é uma pedra solitária...

É uma folha de papel soprada.
Uma semente plantada ao ventre.
Ou o amor que na vala jogada.
Ele é um lobo solitário.

Um rio poluído desprezado.
A dor de um filho sofrido.
O sol que no couro estala.

A gota de água escorrida.
Um mendigo que pede na praça.
O poeta infinitas palavras...

A PERFEIÇÃO DE DEUS

Veja como Deus é perfeito!
Um líquido que saído do corpo.
Que ejaculado do órgão.
Transforma-se em vida.

Com sopro de espírito.

Que já bate antes de nascer.
Com liquido, vermelho.

Glóbulos de sangue.
Órgãos que necessita.
De alimento pra ser forte.

E também os que o arrebate.
Pra fora do corpo verdade.

O cérebro é infinito...
De armazenamento.
De pensamentos avançados.
E também maléficos...

Acróstico

MACHADO DE ASSIS

Maria Machado de Assis.
A nação o teve em um dia.
Cronista, jornalista poeta raro.
Homem de não ter substituto.
A memoria póstumas, de Brás cubas.
Dom casmurro, romance e contos.
O grande homem da linguística portuguesa.

Direcionado as letras vasta leitura.
Estudioso de um país a passos curtos.

A direção da escrita de um cérebro.
Sobretudo deixou para o país herdeiro.
Seus livros refletem-se sem espelho.
Incompleta a escrita mendiga seu peito.
Seu semblante, nunca terá menosprezo.

GONZAGA E GONZAGUINHA

O Brasil merece!
Essas genialidades.
Ser filho adotivo.
Que nasceu pra isso.

Pelo país querido.
Não se importando...
Com a acefalia.
Com a ingratidão.

"Gonzaga" estourado.
Sucesso amado.
No riso amparado.
"Exu" recordado.

No verso criado.
Querendo voltar.
Terrinha esquecida.
A pobreza por lá.

Casinha velhinha.
Sem luz de energia.
De barro esculpida!
O sangue corria.

Na veia atrevida.
Pai de "Gonzaguinha".
"Luiz" que reviva.
No rio sem parar.

Asa branca relembra.
A sanfona a chorar.

MELHOR LUGAR

Aqui sim onde eu nasci.
Que soltei pipa!
E cresci no campo.
Que andei de cavalo de pau.

Na noite brincar pembarra.
Esconde salva latinha.
Pena que foi menosprezado.
Pelos meninos de hoje.

Fiz caveira de mamão.
Carro de palha de coqueiro.
De vaso de Q' boa renegado.

Joguei bola no calçamento.
Do troféu de madeira.
Saudades desse tempo...

AO AMIGO DEIVID

(em memória do amigo e primo inesquecível Deivid)

Sim amigo!
Percebo seu esquecimento.
Só digo mais que pena...
Só entristeço-me.

Em não contar com a sua alegria.
Com o seu coração sorridente.
Seu incentivo e coragem.
Em ter e conquistar.

Vejo que a vida esvai-se.
Que a dor da partida.

Que chorou e reflete.

Demonstrar superficialmente.
Mas que hoje já passou.
Já sarou a largada eterna.
Sua mãe nunca mas será completa.
Pois falta no peito você!

O preenchimento foi arrancado.
Imaturamente pelo destino.
Só restou sua imagem.
Seu sorriso de lembrança...

A GUERRA DO AMOR

Alistado no batalhão.
Qual serve uma nação.
Transferido em marcha.
Para um campo de batalha.

Que fervilha na bala canhão.
Sangue desmanchado do couro.
O cabelo escondido.

No capacete retorcido.
Um amor desconhecido.
Qual um corvo enfurecido.
O soldado que ferido.

Confrontou-se com inimigo.
Corpo a corpo cai ao chão.
Uma briga que um chora.
Quando sente o tal cheiro.

Que tocou o coração.
Era aroma feminino.
Que deixou aquela fera.
A chorar desconsolado.

Foi amor inesperado.
Que a guerra para eles.
Acabou e foi num beijo.

O comandante falou alto!

No alto falante que guardado.
Alarmou a multidão.

Acabando aquela guerra.
Todo mundo a abraçar.
Um a um naquela hora.

A guerra do amor.
O tenente a batizar.

NELSON MANDELA

"Mandiba" nome de clã "Mandela".
Um poema o levantava da queda.
Capitão da própria alma.
Homem inspirado sem inveja.

O seu país no coração alerta.
Juntaram negros e brancos na festa.
Honrado hino da Apartheid revela.
Ao perdão foi doado na relva.
Dos que o jogaram na cela.
Da vida sangria caverna.
De intelectualidade mansa sincera.
Derrubou do racismo a fronteira.
27 anos separou mente aberta.
Na ilha de Robben, Pollsmor navega.
Zombado pelo mundo.
Pai da pobreza...

Seu salário repartido.
Com a nação negra.

MEMÓRIA VIVA

(ao historiador, memória viva de Santo Amaro das Brotas,
Carlos Araújo Guimarães)

Com o brasão no peito honrado.
Amor de um filho de Santo Amaro.
Raramente rosto marcado.
Lado o poema triste relato.
O destemido, aqui plantado.
Subiu sem medo "Jacinto" ao lado.
Amoroso filho, o "Dominguinhos".
Rico poema bem caprichado.
A cultura sorria, o prefeito amor tinha!
Uma cidade que já destacada...
Justa homenagem esse guerreiro.
O céu sem medo lava a calçada.

Gosto de ter nascido nessa tal vila.
Uma guerrilha, sangue na praça.
Incompleto povo, que hoje cala.
Muito orgulho, o "Brasil" realça.
A fome de guerra, povo insurreto.
Rico armamento ele relata.
A sua história, que já contada.
Esse poema lhe traz a mente.
Sua carreira bem destacada.

DITADURA

Cale a voz do poeta.
Pelo choro do artista.
No passado que retrata.
De uma mente exilada.

Sua letra que rimada.
Sacudia esmurrava.
Um governo masoquista.
Do país que expulsava.

Da cantiga reprovada.
"Geraldo Azevedo" criticava.
Da caneta, azul poesia.

De "Chico" da sua garra.
Melancólico na praça.
Do país da hipocrisia!

UM JOVEM

(em memória do saudoso amigo José Vieira de Andrade Neto)

Sentindo aqui presente.
Sua história transladar.
Da partida prematura.
Que não vai distanciar.

Juventude florida.
Amizade sem contar.
O elevo a poesia.
Quem o viu elogiar.

Era "Neto" nessas linhas.
Sua vida remontar.
Homenagem tão bonita.

Que no verso, destacar.
Só lembro a alegria.
De o soneto conversar.

TRÍPLICE SAUDADE

Ovacionar no bulício do poente.
Um terno blindado do evangelho.
Pacificador da hombridade.
Seu nome é renomado.

"João padre" vasta saudade...
Um sonho interrompido.
Grande amigo sagacidade.

Seu "Carlos soldado" em sentido.
Um coração feito menino.
Um herói que o vento não varre.

Tanta amizade; existe um vago...
Da gargalhada circundada.
De "João padre" religiosidade.

"Jaconias" lealdade.
Sentimentos irmandade.
Rosto ruborizado...
De não contar vocês aqui.

Consternado com o tolher da vida.
Vejo a vida feito linha.
Que nos ligam eternizam.

Queríamos que estivesses aqui...